Talk, T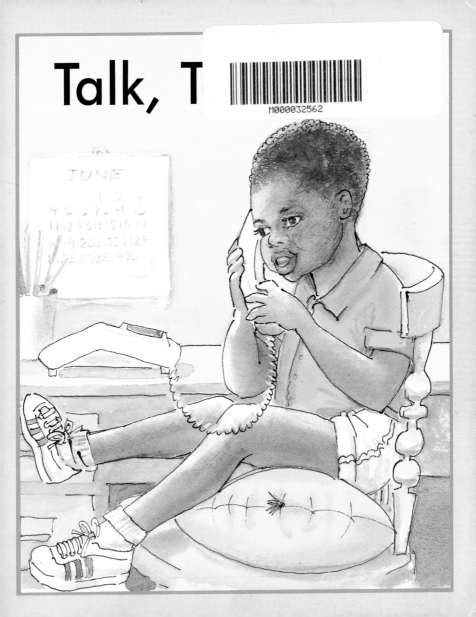

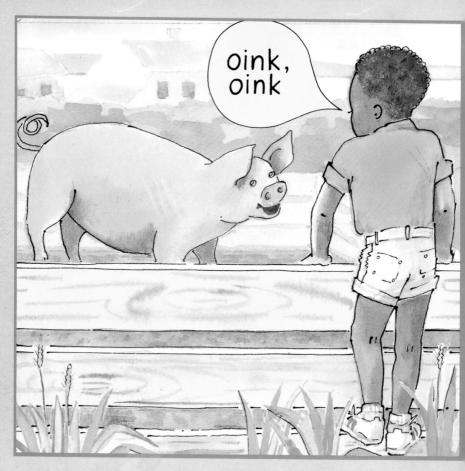

I talk pig talk
to the pig.

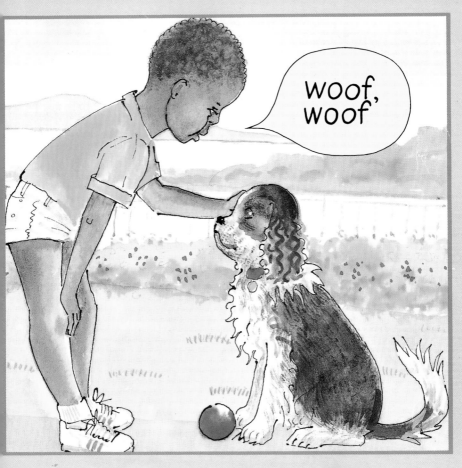

I talk dog talk
to the dog.

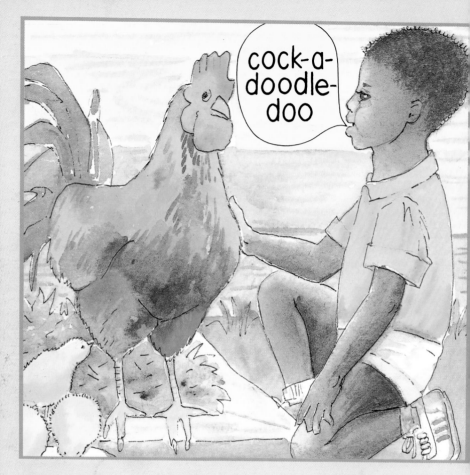

I talk rooster talk
to the rooster.

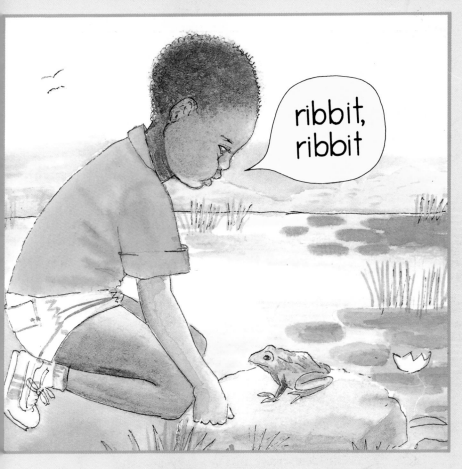

I talk frog talk
to the frog.

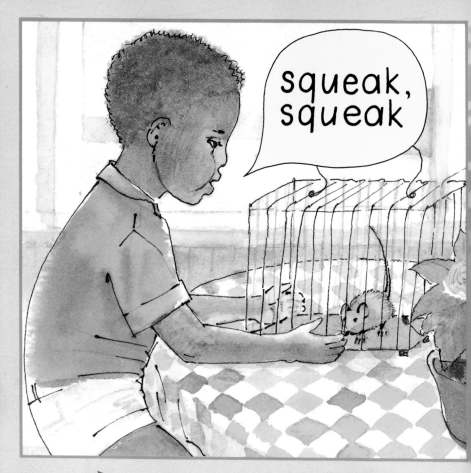

I talk mouse talk
to the mouse.

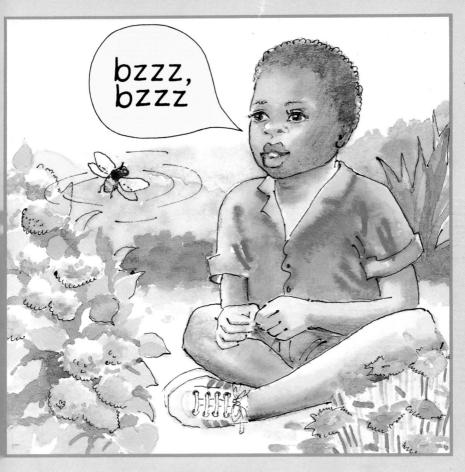

I talk bee talk
to the bee.

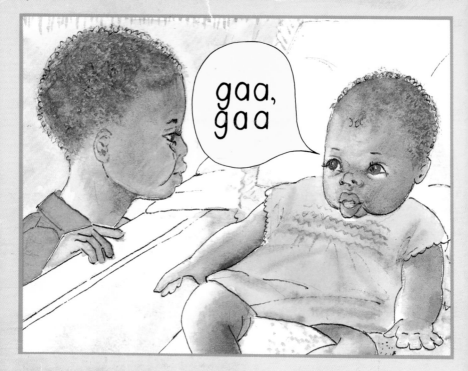

I talk baby talk
to the baby,
and the baby talks
back to me.